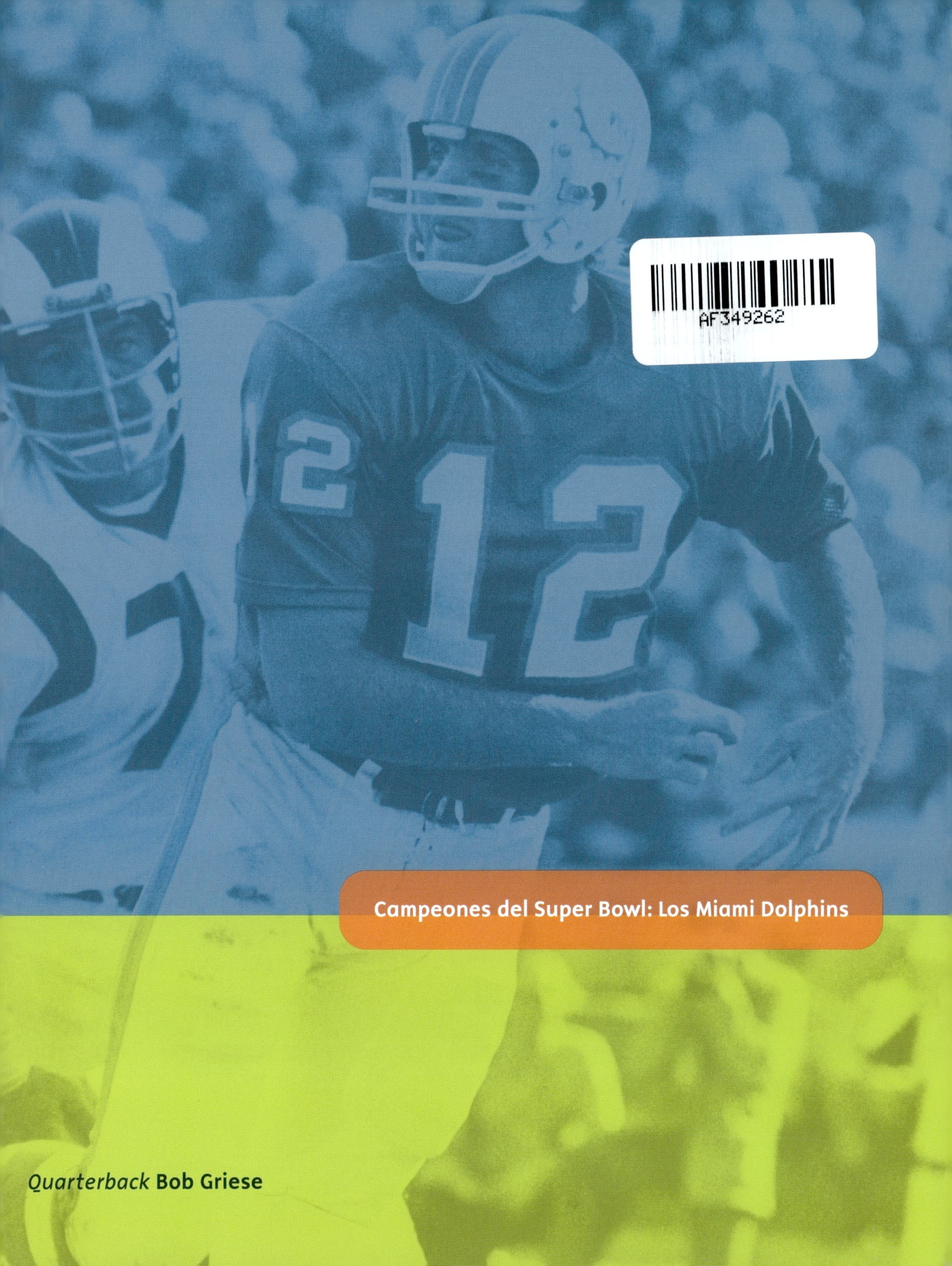

Quarterback **Bob Griese**

Quarterback Ryan Fitzpatrick

LOS MIAMI DOLPHINS

MICHAEL E. GOODMAN

CREATIVE EDUCATION / CREATIVE PAPERBACKS

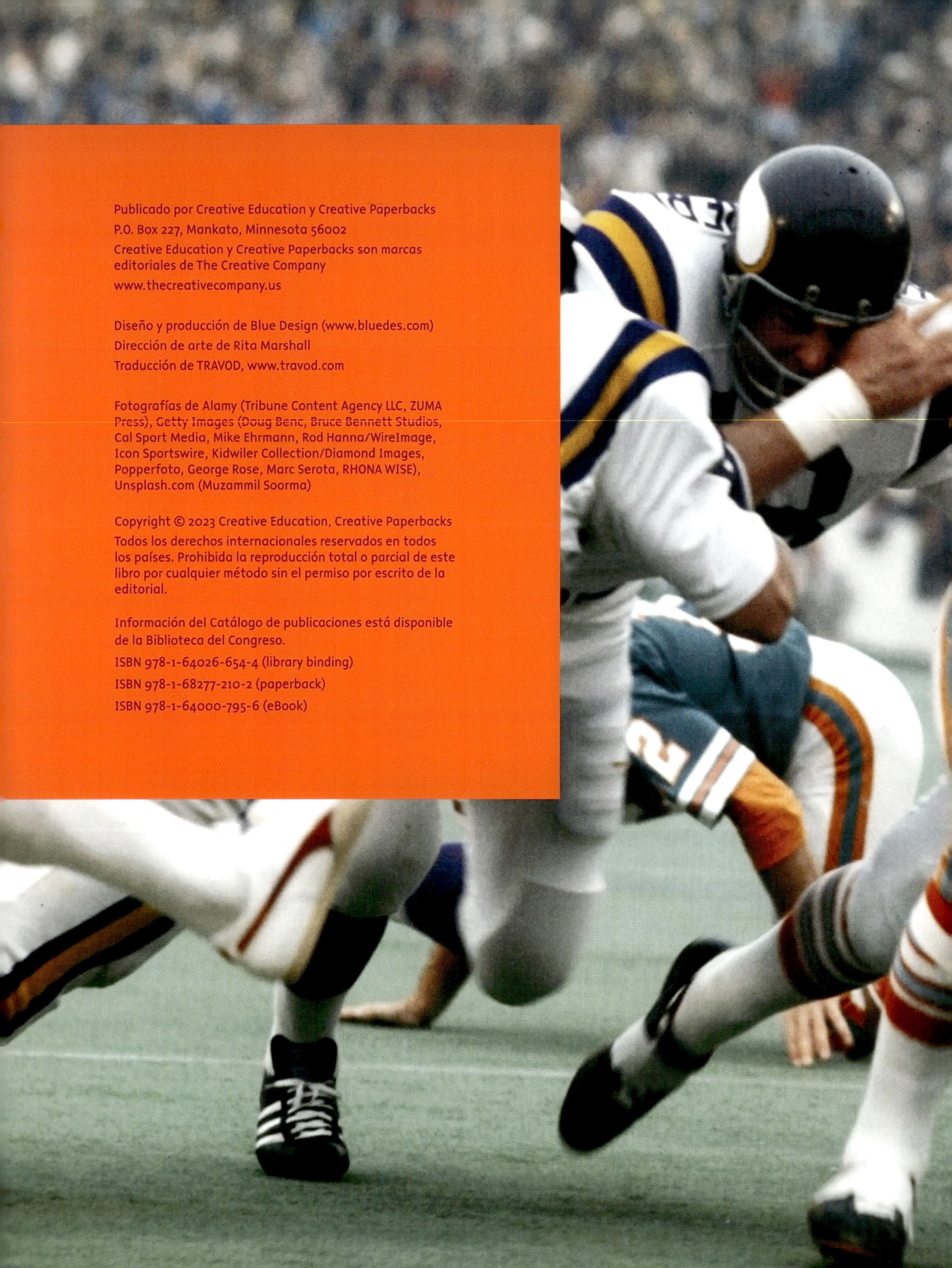

Publicado por Creative Education y Creative Paperbacks
P.O. Box 227, Mankato, Minnesota 56002
Creative Education y Creative Paperbacks son marcas
editoriales de The Creative Company
www.thecreativecompany.us

Diseño y producción de Blue Design (www.bluedes.com)
Dirección de arte de Rita Marshall
Traducción de TRAVOD, www.travod.com

Fotografías de Alamy (Tribune Content Agency LLC, ZUMA
Press), Getty Images (Doug Benc, Bruce Bennett Studios,
Cal Sport Media, Mike Ehrmann, Rod Hanna/WireImage,
Icon Sportswire, Kidwiler Collection/Diamond Images,
Popperfoto, George Rose, Marc Serota, RHONA WISE),
Unsplash.com (Muzammil Soorma)

Información del Catálogo de publicaciones está disponible
de la Biblioteca del Congreso.
ISBN 978-1-64026-654-4 (library binding)
ISBN 978-1-68277-210-2 (paperback)
ISBN 978-1-64000-795-6 (eBook)

Corredor Larry Csonka

Receptor abierto Kenny Stills

CONTENIDO

Hogar de los Dolphins

Miami se encuentra en el sur de Florida. La ciudad es famosa por su clima cálido, sus playas de arena y sus emocionantes deportes. Los domingos de otoño, los fanáticos llenan el **estadio** Hard Rock Stadium. Animan a su equipo de futbol americano, los Miami Dolphins.

Los Dolphins son parte de la Liga Nacional de Futbol Americano (NFL). Uno de sus rivales son los New York Jets. Todos los equipos de la NFL intentan ganar el Super Bowl. El ganador es el campeón de la liga.

LOS MIAMI DOLPHINS

Linebacker Cameron Wake

Elegirse el nombre de los Dolphins

Al propietario del equipo le gustaban los delfines. A menudo los veía nadando cerca de Miami. Decía: "El delfín es una de las criaturas más rápidas e inteligentes del mar". Esperaba que sus jugadores también fueran rápidos e inteligentes.

Linebacker Nick Buoniconti

Historia de los Dolphins

Los Dolphins comenzaron a jugar en 1966. En un principio perdieron muchos juegos. Luego contrataron al entrenador listo Don Shula en 1970. Convirtió al duro *linebacker* Nick Buoniconti en capitán de la **defensa**. El profundo Jake Scott hizo muchas **intercepciones**. Los demás equipos tuvieron problemas para anotar contra Miami.

El *quarterback* de brazo fuerte, Bob Griese, dirigió la **ofensiva** de Miami. Bajo el liderazgo de Griese, los Dolphins ganaron el Super Bowl después de las temporadas de 1972 y 1973. En 1972, ganaron los 14 juegos. Luego ganaron 3 juegos más en las eliminatorias. ¡Eran perfectos!

Quarterback Dan Marino

En 1984, el *quarterback* Dan Marino lanzó 48 pases para **touchdown**. Fue elegido como el **Jugador Más Valioso** (MVP) de la liga. Miami volvió al Super Bowl. En esa ocasión, los Dolphins perdieron.

En las décadas de 1990 y 2000, los Dolphins jugaron una gran defensa. El *linebacker* Zach Thomas hizo más de 1000 tacleadas. El ala defensivo Jason Taylor realizó más de 130 **capturas**.

Otras estrellas de los Dolphins

El receptor abierto Paul Warfield atrapó muchos pases de touchdown de Bob Griese. Mark Clayton y Mark Duper eran los mejores receptores de Dan Marino. Juntos llegaron al Pro Bowl ocho veces. Este es un juego especial después de la temporada en el que solo pueden jugar los mejores jugadores.

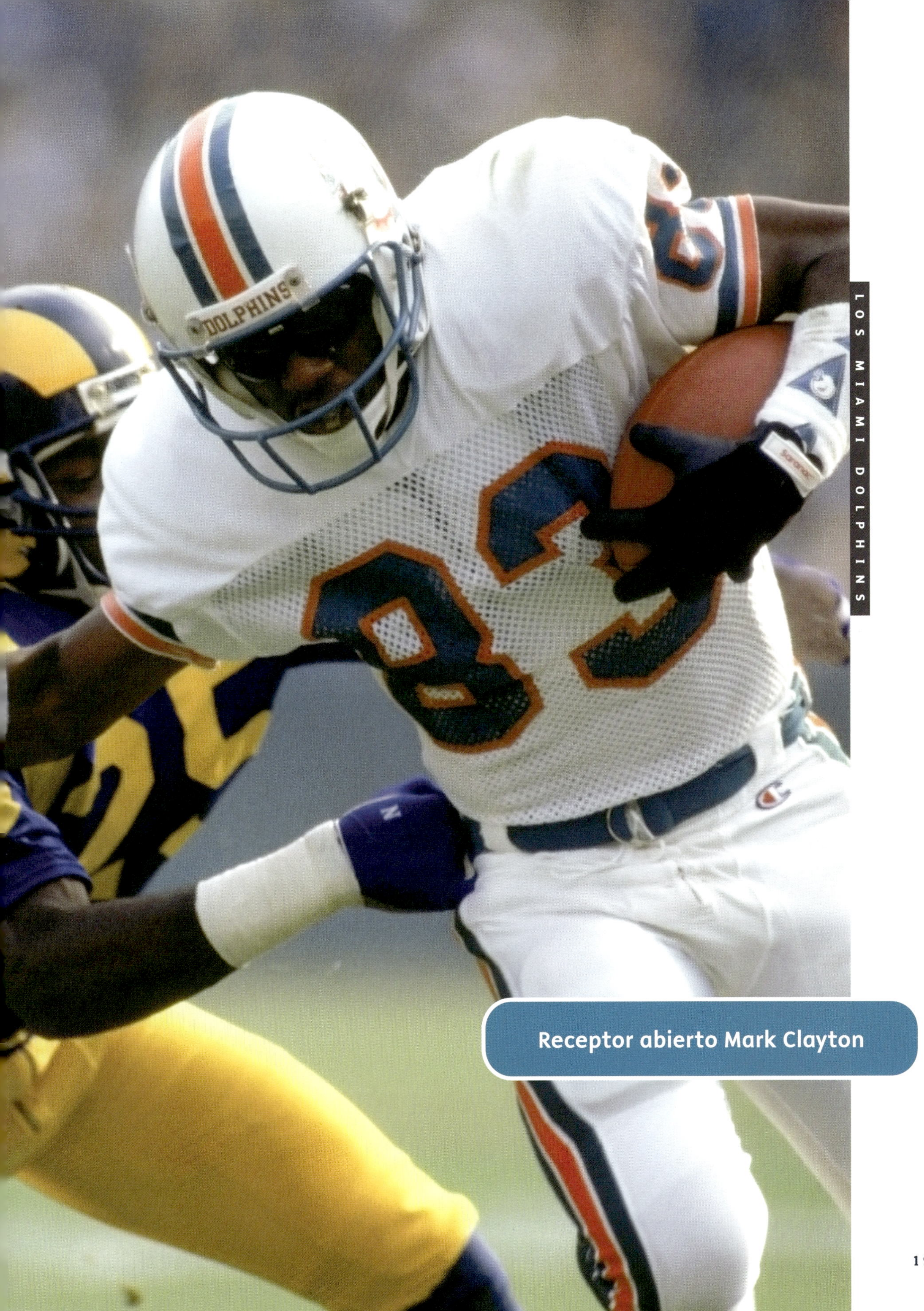

Receptor abierto Mark Clayton

Esquinero Xavien Howard

Los Dolphins de hoy están listos para volver a ser ganadores. El equipo cuenta con estrellas jóvenes como el receptor abierto DeVante Parker y el esquinero Xavien Howard. Los aficionados esperan que los Dolphins vuelvan pronto a la cima de la NFL.

Acerca de los Dolphins

Comenzaron a jugar: En 1966

....

Conferencia/división: Conferencia Americana, División Este

....

Colores del equipo: aqua y naranja

....

Estadio: Hard Rock Stadium

....

VICTORIAS EN EL SUPER BOWL:

VII, 14 de enero de 1973, 14-7 contra los Washington Redskins

....

VIII, 13 de enero de 1974, 24-7 contra los Minnesota Vikings

....

Sitio web de los Miami Dolphins: www.miamidolphins.com

....

Glosario

capturas — tacleadas a un *quarterback* que está tratando de lanzar un pase

defensa — los jugadores que intentan evitar que el otro equipo anote

estadio — un gran edificio que tiene un campo deportivo y muchos asientos para los aficionados

intercepciones — recepciones realizadas por un jugador defensivo de pases lanzados por el otro equipo

Jugador Más Valioso — un premio otorgado al mejor jugador en un juego o temporada

ofensiva — los jugadores que controlan el balón e intentan anotar

touchdown — una jugada en la que un jugador lleva el balón o lo atrapa en la zona de anotación del otro equipo para anotar seis puntos

Receptor abierto DeVante Parker

Índice